Unsere Schulzeit in den 50er Jahren – Hessen

Gustav Hildebrand

Unsere Schulzeit in den 50er Jahren

Hessen

Wartberg Verlag

Fotonachweis: Archiv Gustav Hildebrand

1. Auflage 2001

Druck: Thiele & Schwarz, Kassel
Buchbinderische Verarbeitung: Büge, Celle

34281 Gudensberg-Gleichen, Im Wiesental 1, Tel: (0 56 03) 9 30 50
www.wartberg-verlag.de
ISBN 3-8313-1185-4

Vorwort

Deutschland lag 1945 nach der totalen Niederlage in Trümmern. Doch es herrschte auch in den 50er Jahren immer noch eine Zeit der Not und des Mangels. Wohnungsnot, Flüchtlingselend, Ernährungsschwierigkeiten gehörten zur Tagesordnung. Obwohl für die meisten Menschen in der jungen Bundesrepublik eine tägliche Mahlzeit, ein Mantel für den Winter, eine Arbeitsstelle oder das Hoffen auf eine Nachricht von vermissten Angehörigen an vorderster Stelle standen, begann man in dieser schwierigen Nachkriegszeit, ein demokratisches Bildungssystem aufzubauen.

Die amerikanische Besatzungsmacht in Hessen, die Ostern 1945 die Schulen geschlossen hatte, bemühte sich um eine schnelle Wiedereröffnung. Sie überwachte den Aufbau der Schulverwaltung und des neu gegründeten „Hessischen Ministeriums für Kultus und Unterricht“. Die Amerikaner, denen die Demokratie ein Hauptanliegen war, suspendierten alle Personen vom Schuldienst, die Mitglieder der NSDAP oder anderer NS-Organisationen gewesen waren. Dem Verfahren der Entnazifizierung wurde die gesamte Lehrerschaft unterzogen, wobei nur 15 Prozent der Lehrkräfte nicht betroffen waren.

Da viele junge Lehrer im Krieg gefallen oder noch in Gefangenschaft waren, entstand ein großer Lehrermangel, der sich noch verstärkte, als die Zahl der Schüler anstieg. Durch die Vertreibung der Bevölkerung aus den deutschen Ostgebieten hatte sich die Einwohnerzahl in Hessen bis Ende 1946 um 4,5 Millionen vermehrt. Viele Flüchtlingskinder konnten nur kurze Zeit in einer Klasse bleiben, weil ihre Eltern andernorts eine bessere Unterkunft fanden. Dieser häufige Wechsel prägte die Atmosphäre in den Klassen und verhinderte den Zusammenhalt. Auf eine Lehrkraft kamen im Durchschnitt 85 Kinder, in einzelnen Fällen hatte ein Lehrer bis zu 120 Kinder zu unterrichten.

Um dem Lehrermangel abzuhelfen, wurde unter jungen Leuten geworben, sich als „Schulhelfer“ zu melden. Nach einer zwei- bis vierwöchigen Einführung sollten sie ihre Tätigkeit in der Schule aufnehmen, um dann nach einer kurzen Praxisphase einen Lehrgang in einem der neu gegründeten Pädagogischen Institute in Jugenheim oder Weilburg zu absolvieren.

Es fehlte an allem, an Büchern, Heften, Schreibfedern, Tafeln, und vor allem fehlte es an Schulräumen. Ein Schüler berichtete, dass er sich anstelle der Tafel mit einer Dachschieferplatte behalf. Es musste in diesen Jahren von Lehrern und Schülern viel improvisiert werden. Angst brauchten sie allerdings nicht mehr zu haben, denn die Prügelstrafe wurde abgeschafft, ja, jede körperliche Züchtigung war ver-

boten. Die meisten alten Schulen hatten im Winter Ofenheizung. Ein anderer Schüler erzählte, dass er in der Nähe des Ofens saß und schwitzte, während andere, die weiter entfernt saßen, froren. Oft mussten die Schüler auch für Heizmaterial wie Briketts und Holzstücke selbst sorgen. Eingeführt wurde in Hessen Schulgeld- und Lehrmittelfreiheit von der Grundschule bis zur Universität. Schon in der Grundschule wurden Kinder aller sozialer Schichten und aller Konfessionen gemeinsam unterrichtet, und vordringlichste Aufgabe war, die Jugend in einem „neuen Geist“ zu erziehen. Die körperliche Verfassung der Kinder verbesserte sich zusehends mit der Schulspeisung. Diese von überwiegend amerikanischen Wohlfahrtsorganisationen gespendeten Speisen waren vorher in großen Kesseln in die Schulen gebracht worden. In der großen Pause machten sich die Kinder, mit einem Gefäß und Löffel bewaffnet auf den Weg, um sich ihre Portion abzuholen.

Der Kultusminister der ersten gewählten Regierung, Erwin Stein, hatte maßgeblichen Anteil daran, dass in Hessen und nur in Hessen das elterliche Mitbestimmungsrecht Verfas-

sungsrang besaß. D.h. die Eltern sollten das Recht haben, über die Erziehung ihrer Kinder in der Schule zu wachen und auch die Art der Schule zu bestimmen. Dieser Kultusminister schaffte auch die Schulbänke ab, denn er wollte damit bezwecken, dass die starre Sitzordnung aufgelöst und damit ein offener Unterricht stattfinden konnte. Auch die Lehrer sollten nicht mehr erhöht vor der Klasse stehen und bekamen statt des Katheders einen Schreibtisch.

Um die nationalsozialistische Ideologie auszumerzen, zogen die Amerikaner sämtliche Schulbücher ein, vor allem jedoch die Lesebücher und die Geschichtsbücher. Um aber schnellstens wieder über Schulbücher zu verfügen, wurden in München Werke der Weimarer Zeit und weit ältere zentral nachgedruckt. So wurde z.B. eine von Adalbert Stifter zusammengestellte Sammlung deutscher Klassiker aus dem Jahre 1854 wieder aufgelegt. Mehrere Kinder mussten sich ein Schulbuch teilen. Da nach Meinung der Amerikaner auch diese alten Bücher den Nationalismus noch zu sehr betonten, wurden die Erziehungsoffiziere angewiesen, neue Schulbücher verfassen zu lassen. Das Kultusministerium hatte den Befehl auszuführen und richtete eine Lehrbuchkommission ein. Die Auflagen für die Neuformulierung von Schulbüchern, besonders der Geschichtsbücher waren allerdings streng, und es fanden sich anfangs auch kaum deutsche Autoren, die dazu in der Lage waren.

Langsam trat die harte Not der Nachkriegsjahre zurück, die wirtschaftlichen Verhältnisse besserten sich, es ging spürbar aufwärts. Von Jahr zu Jahr wurden die Missstände an den Schulen weniger, sei es die Schulraumnot, der damit verbundene Schichtunterricht, der Lehrermangel, die Belastung der Schulen mit allen möglichen schulfremden Aufgaben. Auf dem Gebiet des Schulsystems wurden Reformen eingeführt, die für Kind, Lehrer und Eltern Vorteile brachten. Eine Entwicklung zum Wohle des Kindes, die bis heute anhält.

Der diesem Buch zugrunde liegende Text ist der Originaltext, wie er in den 50er Jahren entstanden ist. Damit soll dem Buch eine größtmögliche Authentizität verliehen werden. Es bleibt dem Leser und Betrachter überlassen, Bewertungen und Vergleiche mit der heutigen Zeit herzustellen.

Gustav Hildebrand

Vernünftig: ABC-Schützen einer Frankfurter Schule mit Ranzen. Das Rückgrat wird nicht belastet, ihre Haltung ist einwandfrei.

Schulranzen oder Aktentasche

Wenn man heute Kinder auf dem Weg von oder zu der Schule sieht, dann fällt eines immer wieder auf: die Mehrzahl trägt keinen Schulranzen mehr, sondern eine Aktentasche. Die Schüler finden nämlich, der traditionelle Ranzen sei längst nicht mehr modern. So etwas habe man eben früher getragen. Aber heute? Nur eine Aktentasche! Dafür entscheiden sich bereits die Jüngsten, ob Mädel oder Buben. Sie drängen den Vater oder die Mutter so lange, bis sie endlich ihren Wunschtraum erfüllt bekommen und stolz mit der Aktentasche zur Schule gehen. Diese Eitelkeit bringt aber große Nachteile mit sich, denn jeder Schüler trägt im Durchschnitt fünf kg Lehrmaterial mit sich herum. Das ist allerhand für ein Kind. Wenn es die Last aber auf dem Rücken trägt, also in einem Ranzen, dann werden die Schulterblätter automatisch nach hinten gedrückt und das Gewicht ist gleichmäßig verteilt. Die gute Haltung kommt ganz von selbst. Die Aktentasche dagegen ist für die Körperhaltung schädlich. Das Gewicht verlagert sich auf eine Seite, entweder nach links oder nach rechts. Automatisch beugt sich der Träger nach vorn. Während der Erwachsene in der Lage ist, auszubalancieren, kann das Kind dies noch nicht. So entstehen bei den Schülern, die Aktentaschen tragen, unweigerlich Haltungsfehler- nicht selten mit schweren Folgen, wie Verschiebungen der Schulterknochen, Krümmungen der Wirbelsäule und körperliche Einseitigkeit. Die Lehrer sind machtlos, denn sie haben kein Recht, das Tragen von Aktentaschen zu verbieten. Es kommt nur auf die Eltern an. Der Rat des Arztes, einen gutsitzenden Ranzen für die Kinder anzuschaffen, auch wenn sie ihn nicht gerne tragen, sollte von allen Eltern befolgt werden. Haltungsfehler und Schäden an der Wirbelsäule sind dann nicht zu befürchten.

Ranzen auf dem Rücken, Tafel auf den nummerierten Tischen: Blick in ein Klassenzimmer im Jahr 1955.

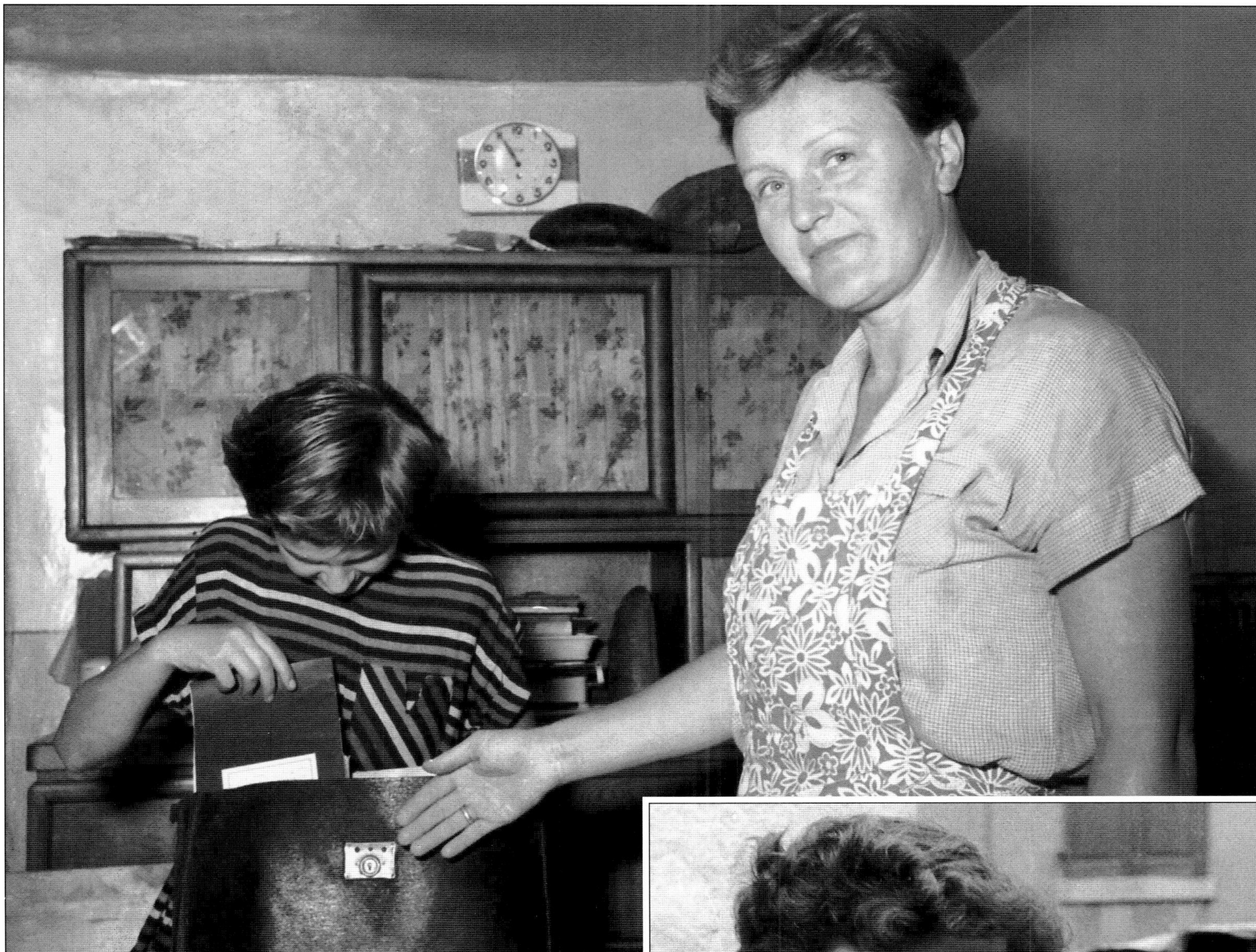

Die Mutter gab nach, als das Töchterchen inständig bat, ihr eine Aktentasche zu kaufen. Der Schulranzen ist „abgemeldet“.

„Ich glaube, mein Junge wird auch die längste Zeit einen Ranzen getragen haben, viele seiner Klassenkameraden haben schon Taschen.“

Eine Gruppe von Schülerinnen mit ihren Schultaschen. Da diese meist unter demselben Arm getragen wird, kommt es allmählich zu einer schiefen Schulterhaltung. Außerdem verhindert sie das Mitschwingen der Arme im Rhythmus des Gehens. Für eine gute Haltung und einen weichen elastischen Gang ist dies aber unerlässlich.

Unfug haben die Jungen zu jeder Tageszeit im Kopf, und eine griffbereite Tasche ist dafür herrlich geeignet *(links)*.

Als Prügelersatz ist den Jungen die Aktentasche hochwillkommen. Ob der festgeschnallte Ranzen ebenso schnell zur Hand wäre?

Der Unterricht ist vorbei – die Schüler kommen aus der Schule gestürmt und bleiben hoffentlich vor dem Überqueren der Straße auf dem Bürgersteig stehen, bis die Straße frei ist.

„Augen auf": Kinder im Straßenverkehr

Bremsen kreischen, ein Kind schreit auf, und erschrocken springt der Fahrer eines Lastwagens aus dem Führerhaus. Das ist noch einmal gut abgegangen! Wie oft aber wiederholt sich diese gefährliche Szene heutzutage auf unseren Straßen. Und nicht immer läuft sie so glimpflich ab wie in diesem Falle. Für Kinderspiele ist die Straße in der Großstadt ein gefährliches Pflaster. Deshalb tut es dringend not, die Kinder schon frühzeitig auf die Gefahren der Straße hinzuweisen und sie mit den Spielregeln des Kraftfahrzeugverkehrs vertraut zu machen. Denn die Jungen und Mädchen, die sich heute noch spielerisch auf ihr Fahrrad schwingen, werden vielleicht morgen schon verantwortungsbewusste Kraftfahrer sein. Man nimmt es zwar mit der Verkehrserziehung der Kinder recht ernst. Sie werden nicht nur ermahnt, auf der Straße „schön aufzupassen". Gelegentlich wird in der Schule eine „Verkehrserziehungs-Stunde" abgehalten. Es gibt Verkehrskindergärten und Verkehrserziehungswochen. Damit allein ist es jedoch nicht getan. Der zunehmende rasante Straßenverkehr unserer Zeit erfordert eine systematische Erziehung, ein intensives Training für den „Ernstfall" auf unseren gefährlichen Straßen. Zum Beispiel wenn die Mutter einen Ball auf die Straße rollen lässt. Natürlich wollen die Kleinen hinterherstürzen. Jetzt muss die Mutter eingreifen und den Kindern die Gefährlichkeit ihres Handelns vor Augen führen. Diese Übung sollte man so oft wiederholen, bis das Stehenbleiben an der Bordkante schon mit zum Spiel gehört. Oder, auf der anderen Straßenseite steht auf einmal der Vater, der mit im Bunde ist, und ruft und winkt den Kindern zu. Geradewegs hinüberlaufen und dem Vater in die Arme rennen ist die natürliche Reaktion des Kindes. Aber da steht Mutter und fasst die Kleinen an der Hand und weist wieder darauf hin, wie gefährlich es ist, einfach die Straße zu überqueren. Auch diese Übung so oft wiederholen, bis sie in Fleisch und Blut übergegangen ist.

Nicht früh genug kann man die Kinder mit den Verkehrszeichen vertraut machen. Darum haben viele Städte bereits in den 50er Jahren Verkehrserziehungs-Spielplätze angelegt *(rechts)*.

Gerade weniger belebte Seitenstraßen verlocken die Kinder zum Spielen auf offener Straße. Die meisten Kinder werden nicht in den Hauptverkehrsstraßen überfahren, weit gefährlicher sind die stillen Straßen.

Der kleine Junge wird von der Mutter noch an Bändern geführt *(links)*. Das Kind sollte rechtzeitig und früh dazu erzogen werden, sich auch allein im Verkehr zu bewegen.

Hier muss man gute Bremsen haben, wenn plötzlich aus einer Hauseinfahrt ein Reifen oder Ball gerollt kommt.

Dieser Junge hat gelernt stehenzubleiben, bis der Schutzmann das Signal gibt, dass er die Straße überqueren kann.

Wo die Kinder für das Leben lernen

In dem Taunusdörfchen Mappershain, einem Ort mit 162 Einwohnern, gibt es eine einklassige Volksschule mit 17 Schülern. 1949 kam der Lehrer Lothar Schmidt aus russischer Gefangenschaft zurück. Seine Stellung als Lehrer in der Großstadt Frankfurt gab er bald auf und übernahm die einklassige Volksschule in Mappershain. „Ja, unser Lehrer!“ begeistern sich die Schulkinder des Dorfes, denn Lehrer Schmidt machte inzwischen etwas aus ihr, das Kultusminister, in- und ausländische Lehrer und Journalisten zu Besuchen veranlasst. Neben dem üblichen Unterricht führte er einen Schulplan ein, den man als vollkommen neuartig bezeichnen kann. Außer modernem Unterricht, in dem unter anderem die Lesestunde der Kleinen auf Tonband festgehalten und später zur Kontrolle der Fehler abgespielt wird, entstanden allerlei Gruppen, in denen die Kinder mehr als trockenen Lehrstoff vorgesetzt bekommen. So entstand eine Schülerkapelle, die bereits im benachbarten Bad Schwalbach konzertierte und der Lehrer Schmidt die 15 Instrumente zur Verfügung stellt, die er selbst spielt. In der Schule wurde auch eine Schreinerwerkstatt eingerichtet, die, mit gutem Werkzeug und Maschinen ausgestattet, die einzige im Dorf ist. Hier werden von den Schülern Aufträge für den Ort und die Einwohner ausgeführt. Weiter betätigen sich die Kinder als Wetterfrösche und hängen die selbst ermittelten Ergebnisse vor der Schule aus, wo sie von den vorbeikommenden Bauern studiert werden. Schließlich gibt es einen Schulgarten, in dem man lernt, wie mit Nivelliergeräten und Messlatten umzugehen ist, wie man Böschungen berechnet usw. Und da das kleine Mappershain keine Feuerwehr hat, bildet Lehrer Schmidt seine 17 Schulkinder auch auf diesem Gebiet aus. Auf das Kommando „Feueralarm“ flitzen alle aus der Klasse, jeder kennt seinen Platz und seine Aufgabe, und im Nu rollt der Schlauchwagen aus dem Geräteschuppen zur Übungsstelle.

Lehrer Schmidt macht die Jungen mit der Anwendung des Hobels vertraut.

Lehrer Schmidt hat mit seinen Schülern eine Musikkapelle gegründet, die bereits mit großem Erfolg Konzerte gab.

Mit dem Schlauchwagen rasen die Kinder zur „Brandstelle“.

Flugs wird der Schlauch an dem Hydranten angeschlossen und auf das Kommando „Wasser marsch“ spritzt das Wasser aus allen Rohren.

In seiner Schule erzieht Lehrer Schmidt seine Kinder nach eigenen Lehrmethoden, die ganz auf das praktische Leben ausgerichtet sind.

Unter Anleitung ihres Lehrers lernen die Schüler, wie man mit Nivelliergerät und Messlatten umgeht.

Über den Umgang mit Schlangen und Elefanten

Wer weiß schon, wie er eine angriffslustige Schlange abwehren oder einen trägen Elefanten zum Arbeiten bringen soll? Im „Institut für tropische und subtropische Landwirtschaft“ zu Witzenhausen wird man mit diesen Fragen vertraut gemacht. In den ersten Nachkriegsjahren sah es ganz danach aus, als sei die alte „Kolonialschule“ eine Einrichtung ohne Zukunft. Doch mit der Idee der Entwicklungshilfe kam neues Leben und ein neuer Geist in das Haus, das seinen unzeitgemäßen Namen ablegte und sich jetzt „Institut für tropische und subtropische Landwirtschaft“ nennt. Es wurde als Höhere Landwirtschaftliche Fachschule anerkannt, die in zweisemestrigen Lehrgängen Studierende zu staatlich geprüften Landwirten für tropische und subtropische Gebiete ausbildet. Landwirtschaftsfachleute sind für viele junge Staaten Afrikas, Asiens oder Südamerikas wichtiger als Techniker, die Verbesserung der Ernährungslage nutzt den Menschen mehr als der Aufbau von Industrie- oder Verkehrsanlagen. In Witzenhausen werden junge Leute für einen harten entbehrungsreichen Dienst ausgebildet, junge Männer und Mädchen, die sich darüber im Klaren sind, dass die heutige Entwicklungshilfe nur sehr wenig mit Romantik und Abenteuerleben zu tun hat.

Der Unterricht im Gewächshaus wird von einem mit tropischen Pflanzen erfahrenen Gärtner abgehalten.

Unter den Schülerinnen, die hier in die Geheimnisse rätselhafter Tinkturen, Salben und Gesichtsmasken eingeweiht werden, ist Anni S. (zweite von links). Sie fand bereits eine Stelle als Vorführdame.

„Sicheres Auftreten“ will gelernt sein – Spezialkurse für Frauen

Junge Damen, die sich im Leben und im Beruf sicher bewegen wollen, müssen einiges können und wissen. Selbstbewusstsein kann man ja nicht einfach anerziehen, sondern es muss ein gewisses Maß an Wissen dahinterstecken, das das sichere Auftreten erst gestattet. Dieses Wissen, das sich über viele Gebiete erstreckt, will die Komorowski-Schule in Frankfurt vermitteln. Die Gründerin und Leiterin dieser Schule, Marlen Komorowski, erweiterte den Lehrplan so umfassend, dass die ursprünglich als Fachschule für den DOB-Nachwuchs gedachte Einrichtung sich schnell zu einem universellen Institut auswuchs. Neben der Unterrichtung in Warenkunde, Verkaufstechnik und Gymnastik hören die Teilnehmerinnen der Lehrgänge Vorlesungen über Kosmetik und den guten Ton im Alltag, Textilfachleute sprechen über Modefragen und Stoffkunde, und ein Beamter der Frankfurter Kriminalpolizei referiert über Heiratsschwindel. Die Kurse werden in erster Linie von angehenden Spezialverkäuferinnen und Mannequins besucht, aber auch Kosmetikerinnen und Betriebsdirektricen gehören zu den Schülerinnen. Sie alle finden in dieser Schule Wissenswertes, das weit über die eigentlichen Berufskenntnisse hinausreicht und deshalb so besonders wertvoll ist. Eine Verkäuferin sollte sich nicht damit zufrieden geben, dass sie in ihrer Branche hieb- und stichfest ist, sondern sie sollte darüber hinaus ein sicheres Gefühl für Takt und Höflichkeit haben. Das gilt natürlich im gleichen Maße für Kosmetikerinnen. Und diese beiden wiederum können einiges vom Mannequin „gebrauchen“, nämlich das richtige Gehen und Stehen. Die Kurse dauern jeweils 50 Stunden und verteilen sich auf insgesamt acht Wochen. Die Schülerinnen kommen aus allen Berufszweigen und Bevölkerungsschichten. Es gibt keine Altersgrenzen. Das ist erklärlich, denn es ist niemals zu spät oder zu früh, sich ein sicheres Auftreten anzueignen und dieses Auftreten mit reichem Wissen zu fundieren. Eine besondere Klientel dieser Schule sind Frauen, deren Männer in den 50er Jahren Karriere gemacht, höhere Positionen erreicht haben. Diese Frauen lernen hier, wie sie an der Seite ihres Mannes aufzutreten haben, gesellschaftliche Verpflichtungen wahrnehmen müssen.

Wer Mannequin werden will, lerne beizeiten, wie man sich dreht, wie man geht und sich bewegt, und dass der Laufsteg ein verflixtes Brett ist. Die kleine Lilli S. führte bereits Kinderkleidung mit großem Erfolg vor.

Nicht jedes Buch ist ein gutes Buch. Das lernen die jüngsten Schülerinnen, die unter Anleitung versierter Buchhandels-Fachleute schnell Wert oder Unwert eines Jugendbuches zu erkennen versuchen.

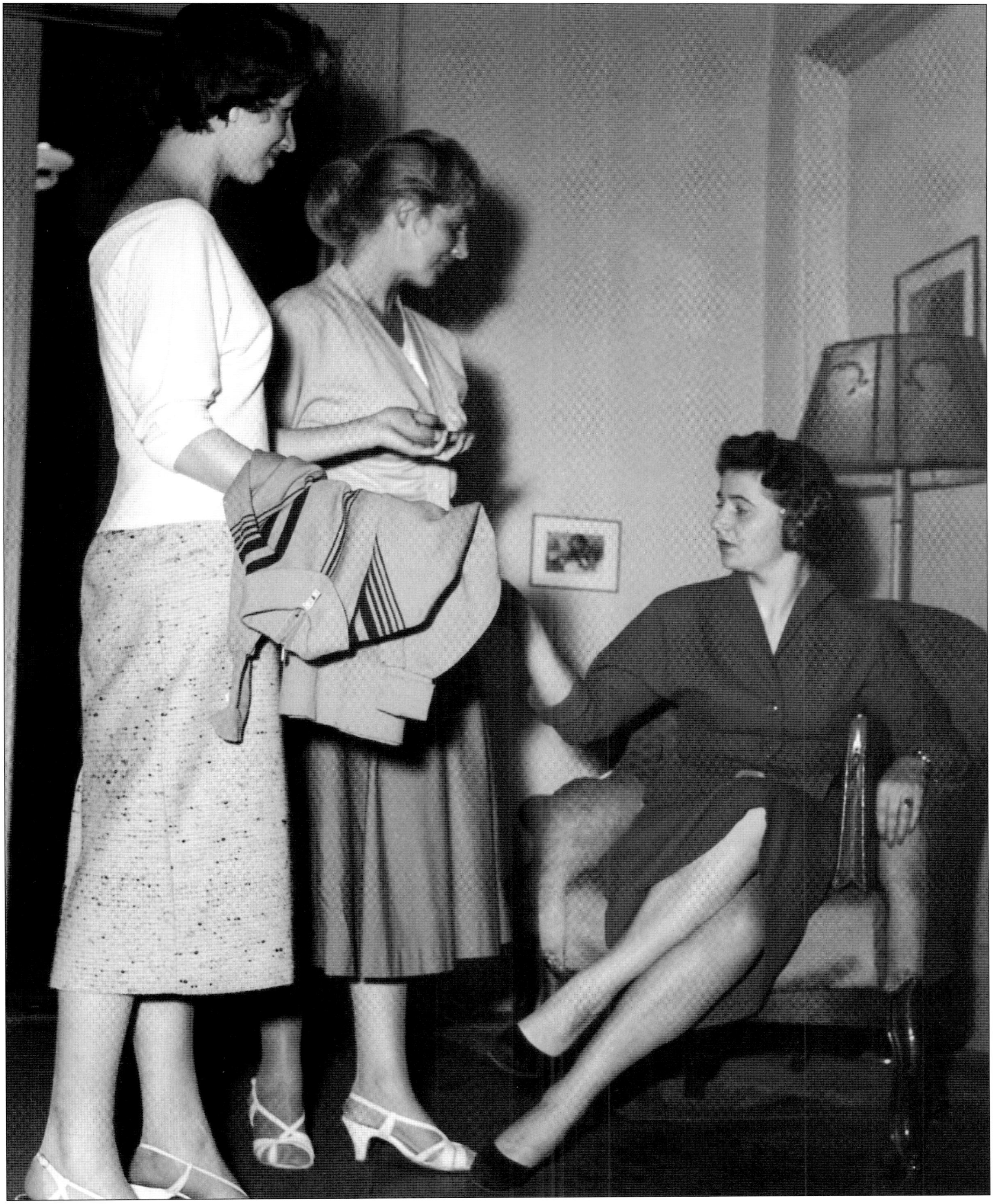

Verkäuferin und Kundin spielen gehört zum praktischen Unterricht in Verkaufstechnik. Kundin ist in diesem Falle die 19-jährige Schülerin Anneliese P., die bereits Hausmannequin ist.

Schulkinder im Schichtunterricht

Ein vieldiskutiertes Schulproblem: In fast allen westdeutschen Städten reicht der Schulraum bei weitem nicht mehr aus. Insgesamt fehlen Mitte 1957 in der Bundesrepublik 40 000 Klassenzimmer. Die Städte sind in den letzten Jahren enorm gewachsen, die Verluste an Schulraum infolge des Krieges noch nicht ausgeglichen und der Zustrom neuer Familien in die Städte nimmt kein Ende.

Als Beispiel für die herrschenden Verhältnisse können Zahlenangaben aus Frankfurt dienen. Hier waren vor dem Kriege (1939) für 65 000 Schüler 2080 Klassenräume vorhanden. Heute müssen in nur 1654 Klassenräumen 102 000 Schüler unterrichtet werden. Wie in fast allen Großstädten ist man auch in Frankfurt zum „Schichtunterricht" übergegangen, bei dem die Kinder – meist wöchentlich wechselnd – an Vor- und Nachmittagen unterrichtet werden. Die Folge sind überfüllte Klassen, die zehn Stunden täglich belegt sind. Abgesehen von der Tatsache, dass Kinder nachmittags nicht so aufnahmefähig wie in den Morgenstunden sind, ergeben sich vor allem für Familien mit mehreren Kindern erhebliche Probleme. Die Mütter kennen die Quelle allen Kummers genau: „Der Schichtunterricht an den Schulen ist schuld. Er macht die Kinder nervös und krank. Umschichtig haben die Kinder vormittags und nachmittags Schule. Die erste Schicht geht morgens um 7.00 Uhr aus dem Hause und kommt um 13.00 Uhr heim. Die zweite Schicht macht sich um 12.00 Uhr auf den Schulweg und ist erst um 19.00 Uhr wieder zu Hause." Gewöhnlich sind die Kinder der „zweiten Schicht" am Abend so nervös, dass sie keinen Appetit mehr haben und nicht vor 22.00 Uhr einschlafen. Dabei sollten sie mindestens bis 8.00 Uhr früh schlafen. Aber um 6.00 Uhr stehen bereits ihre Geschwister aus der „ersten Schicht" auf und wecken sie. Manchem Erwachsenen würde der Arzt eine solche Lebensweise streng verbieten: Unregelmäßige Mahlzeiten, unregelmäßige Schlafenszeit, Geistesarbeit am späten Nachmittag, wenn der Körper sich schon auf die Nachtruhe einstellen soll. Solange jedoch keine zusätzlichen Klassenräume zur Verfügung stehen, muss der Schichtunterricht beibehalten werden, und Klassen mit 40 bis 60 Kindern sind keine Seltenheit.

Noch ehe die „Vormittags-Schüler ihre Klassenräume verlassen haben, wartet die „neue Schicht" vor der Türe *(rechts)*.

Der Vater muss immer sehr früh aufstehen. Wenn Angelika um 19.00 Uhr nach Hause kommt, hat er schon längst gegessen. Um neun muss er ins Bett. Für seine Tochter hat er nur wenig Zeit.

Nervosität und Appetitlosigkeit sind die Folgen des Schichtunterrichts. Bärbel hatte bis 19.00 Uhr Unterricht, und erst eine Stunde später kann sie ihr Abendessen einnehmen. Nun schmeckt's ihr gar nicht richtig.

Die eine kommt, die andere geht *(rechts)*. Nicht nur in der Schule, sondern auch in der Familie machen sich die Nachteile des Schichtunterrichts bemerkbar.

Ohne Theorie geht es auch in diesem Fach nicht, aber manchem sind die Rezepte lieber als chemische Formeln.

Kochen für Obertertianer

In der Ziehenschule, einem Frankfurter Gymnasium, stand als neues Wahlfach für die Obertertia „Kochunterricht für Jungen und Mädchen" auf dem Lehrplan. „... ein dolles Fach!" finden die Jungen der Schule, die dann auch im Kochsaal weit in der Überzahl sind. Mit Schürzen um den Bauch – von Mutti gepumpt – stehen die Jungen an den Tischen und am Herd. Sie rühren, schlagen, braten, dämpfen und klecksen. Für sie ist das alles eine sehr ernste Angelegenheit. Sie wollen zu Hause der Mutter, die oft berufstätig ist, helfen, oder sie glauben, dass auf der großen Fahrt in den Ferien ein guter Koch immer sehr begehrt ist. Sie empfinden es auch durchaus nicht als „Strafe", dass zum Schluss der Stunde das Selbstgekochte auch wieder selbst gegessen werden muss. Die Mädchen der Klasse standen der Invasion junger Männer am Kochtopf anfänglich noch etwas fassungslos gegenüber. Kochen war doch bisher ihr Vorrecht! Aber sie waren sich bald einig. Denn die Jungen werden bestimmt einmal gute Ehemänner ...

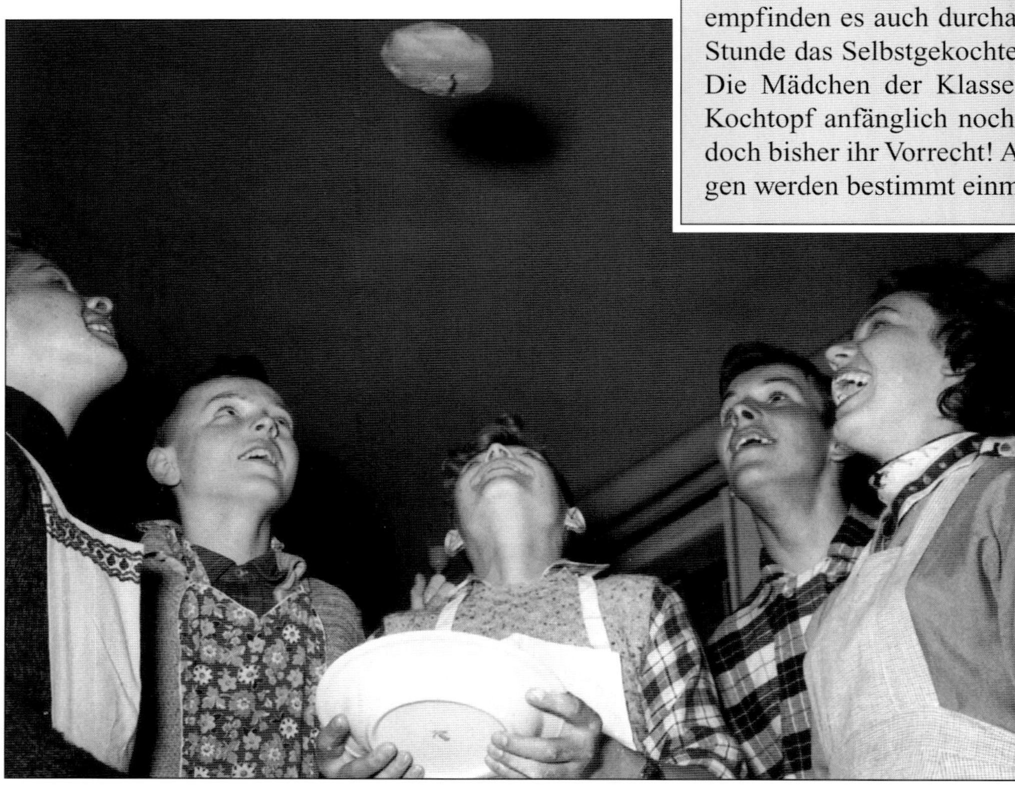

Mutti lieh sicherlich gerne die Schürze aus *(rechts)*.

Ohne Unsinn und Streiche geht es auch in der Kochstunde nicht.

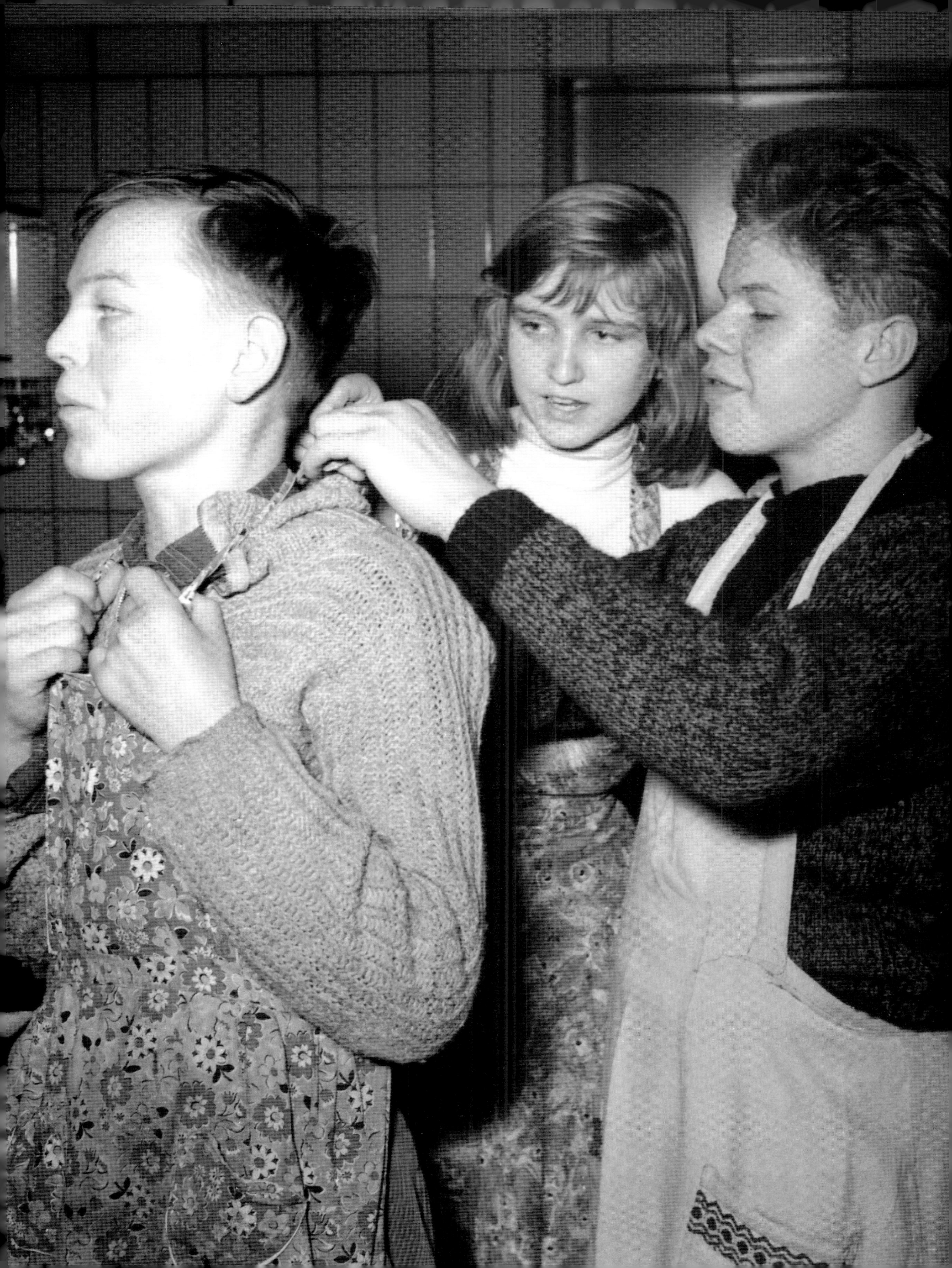

Von Grund auf lernen die Jungen und Mädchen hier freiwillig die Kunst des Kochens.

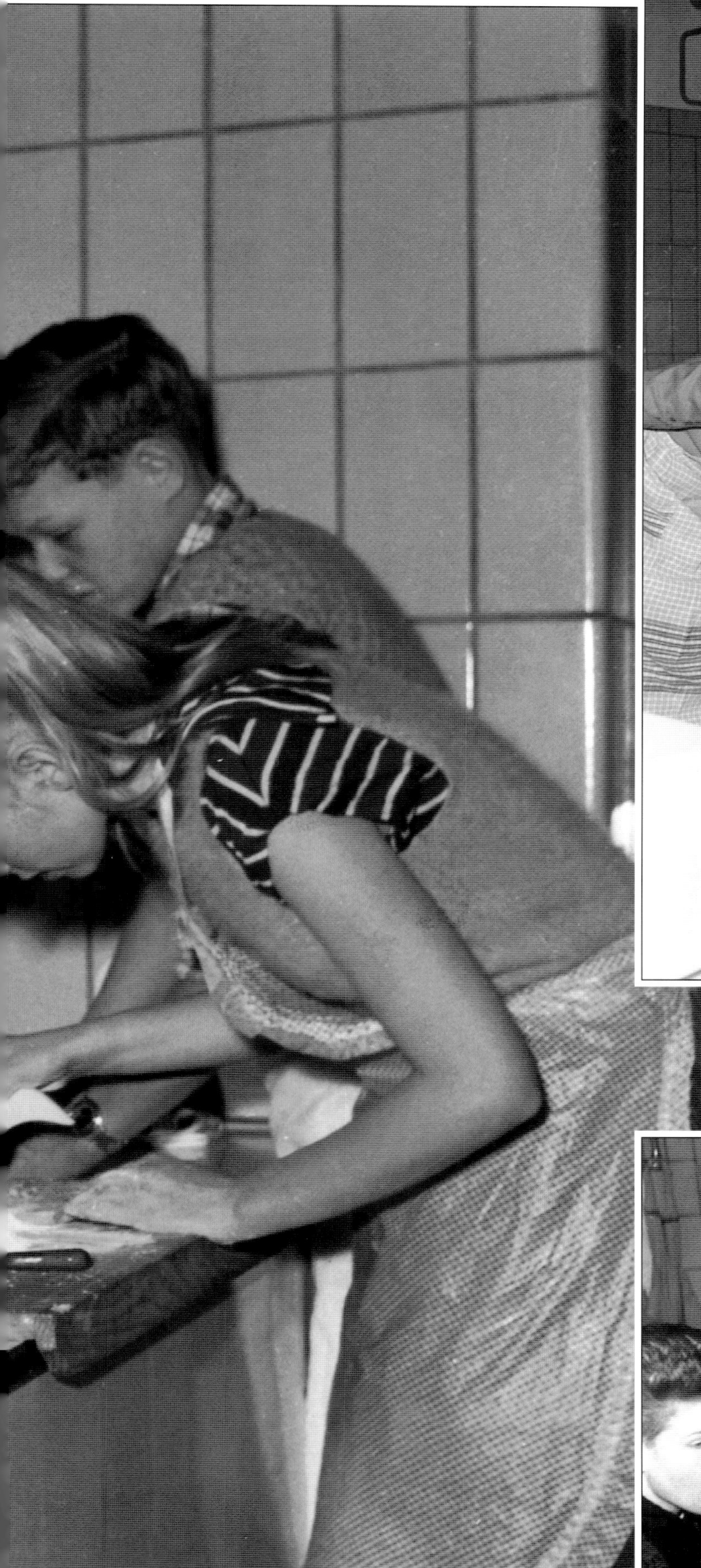

Den Abschluss jeder Kochstunde bildet das Großreinemachen, bei dem alle gerne mithelfen.

Die selbstgekochten Sachen werden dann am Schluss der Kochstunde auch selbst verzehrt. Dabei lernt man auch, wie man eine Tafel deckt.

Das vierte Schuljahr einer Frankfurter Volksschule beim Musikunterricht mit dem Orffschen Instrumentarium.

Musikpädagogik auf neuen Wegen

Der Komponist und Musikerzieher Carl Orff machte sich schon in den 20er Jahren Gedanken darüber, wie man im Kind am sinnvollsten Musikalität wecken und fördern kann. Er erfand neue Instrumente, entwickelte alte weiter und zeigte der Musikpädagogik einen neuen Weg zum kindgemäßen Musizieren in der Schule: Die erzieherische Absicht soll in erster Linie dem Rhythmus gelten. Das Spielen auf den von Orff geschaffenen Instrumenten setzt weder besondere Musikalität noch Geschicklichkeit voraus. Das Kind hat den ersten Musikunterricht, ohne es eigentlich zu merken – so „spielend“ geschieht alles. Mit Hilfe einer fünfstufigen Tonordnung, der „Pentatonik“, die sich auf fünf Töne innerhalb der Oktave beschränkt, kann schon im ersten Schuljahr musiziert werden. Beim Orff-Schulwerk bieten sich ferner reiche Möglichkeiten zu schöpferischen Improvisationen. In Verbindung mit Klatschen, Stampfen, Singen und Spielen auf der Blockflöte ergibt sich ein kindgemäßes Musizieren. Man unterscheidet dabei drei Gruppen von Instrumenten und zwar erstens das kleine Schlagwerk, welches aus Rythmusinstrumenten ohne bestimmte Tonhöhe besteht, zweitens die Stabspiele. Es sind Schlaginstrumente mit bestimmbarer Tonhöhe als Brücke zwischen Rythmus- und Melodieinstrumenten. Drittens als Melodieinstrumente die Flöten.

Die Jugend wächst schneller

Ein Schularzt stellte um die Mitte des 20. Jahrhunderts fest: die Menschen werden größer! Seit der Jahrhundertwende wurde dies offensichtlich, und vor allem in den letzten drei Jahrzehnten vollzog sich das Wachstum der Kinder in einem beschleunigten Tempo. Viele Eltern können dies an ihren eigenen Kindern feststellen, die ihnen zumeist schon im Alter von 16 Jahren über den Kopf gewachsen sind. Der Begriff „Akzeleration", auf deutsch „Wachstumsbeschleunigung", ist geradezu in jüngster Zeit zu einem Schlagwort geworden. Ein bekannter Kinderarzt hat für diese Erscheinung die Bezeichnung „Treibhauswachstum" geprägt. Ausgedehnte anthropologische Untersuchungen haben ergeben, dass z.B. der Durchschnittsjunge von 15 Jahren heute um 13 Zentimeter größer als sein Altersgenosse um die Jahrhundertwende ist. Dabei ist auffallend, dass innerhalb der gleichen Generation die Stadtkinder größer sind als die Landkinder. Von einem Gesundheitsamt vorgenommene Messungen sagen, dass die männlichen ABC-Schützen im Jahre 1919 durchschnittlich 112,6 cm groß waren, die Durchschnittsgröße der sechsjährigen Buben heute jedoch 120,2 cm beträgt. In derselben Zeit stieg die Durchschnittsgröße der weiblichen Schulanfänger um nahezu zehn Zentimeter. Die Größe der Zehnjährigen stieg von 1919 bis 1950 um durchschnittlich 13,2 cm bei den Jungen und um 16,1 cm bei den Mädchen. Bei entlassenen Volksschülern in den Jahren 1948 bis 1952 wurde eine Zunahme der Durchschnittsgröße um fünf cm festgestellt. Diese auffallende Wachstumsbeschleunigung bei den Kindern hat nach Ansicht der Wissenschaftler mehrere Ursachen, die vorwiegend mit der Ernährung zusammenhängen. Leider hat das Treibhauswachstum der Jugend auch bedenkliche Begleiterscheinigungen: die Kinder werden anfälliger für sogenannte „Erwachsenenkrankheiten". Auch die allgemeine Nervosität der Kinder hat zugenommen; von den Lehrern wird über mangelnde Konzentrationsfähigkeit, rasche Erschöpfung und Nachlassen der Schulleistungen geklagt. Auf diese Entwicklung des Wachstums muss sich auch die Industrie auf allen Gebieten umstellen. So sind die Schulmöbel oft schon zu klein und Haltungsschäden sind meist die Folge.

Blick auf den Hof einer Frankfurter Schule. Die Zwölf- und Vierzehnjährigen sind heute schon größer als ihre Eltern. Wissenschaftliche Untersuchungen haben ergeben, dass Vierzehnjährige gegenüber 1919 im Jahre 1953 um 15 cm größer sind als ihre Väter. Was die Kleidung der Schüler betrifft, tragen die Mädchen ausschließlich Röcke; Hosen sind noch undenkbar. Bei den Jungen ist der Siegeszug der Jeans noch in den Anfängen; sie werden hier nur von einem einzigen Schüler getragen.

Ein Zimmer und acht Jahrgänge

In den 50er Jahren beenden 85 Prozent der Jugendlichen ihre Schulausbildung in der Volksschule, und ein großer Teil von ihnen besucht Dorfschulen. Oft sind dies in abgelegenen Gegenden kleine, primitive Gebäude, in denen ein Lehrer die gesamte Jugend des Dorfes zu unterrichten und auf das Leben vorzubereiten hat. Daneben steht inzwischen die moderne Dorfschule, und überdies zeichnet sich eine Entwicklung zur sogenannten Mittelpunktschule ab, denn auch an der Dorfschule ist die Entwicklung der letzten Jahre nicht spurlos vorübergegangen. So ist die Verstädterung des Dorfes auch in den 50er Jahren schon weit vorangeschritten, und man versucht durch Zusammenlegung der Schulen eine bessere Ausbildung zu erreichen, damit die Bildungsunterschiede zwischen Stadt und Land verschwinden. Zweidrittel aller Dorfschulen haben keinen Raum für den Sport, obwohl auf Haltungsschäden immer wieder von Ärzten hingewiesen wird. Die neuen Mittelpunktschulen dagegen besitzen alle eine Turnhalle. Die Dorfschule ist sehr vielgestaltig, denn sie reicht von der einklassigen Schule, in welcher alle acht Jahrgänge gleichzeitig in einem Raum unterrichtet werden, über die zweiklassige bis zur mehrklassigen Schule, je nach der Größe des Dorfes und der Anzahl der Kinder.
Gegen Ende der 50er Jahre kamen gerade im Land Hessen Bestrebungen in Gange, sogenannte Mittelpunktschulen zu gründen, d.h. die Dorfschule aufzulösen und mehrere Schulen in einer zentral gelegenen Mittelpunktschule zusammenzufassen. Über diese Schulart, die ja auch eine Änderung der Dorfstruktur mit sich bringt, ist ein heftiger Parteienstreit entbrannt.
Eine andere Lösung soll jetzt erstmals in dem hessischen Landkreis Schlüchtern auf Anregung des Kreisschulrats Wilkner als Modell verwirklicht werden. Es ist ein Kompromiss zwischen seitheriger Dorfschule und geplanter Mittelpunktschule, indem man nur die Oberstufen, also ab dem 7. Schuljahr, in Zentralschulen zusammenfasst und jedem Dorf seine Schule belässt. Mehrere Ortschaften bilden einen so genannten Schulverband, dessen Oberstufen dann in dem geeignetsten Dorf zusammengelegt werden. Eine Entwicklung, die sich über Jahre hinzieht, denn in diesen Orten müssen ja die Schulen vergrößert oder gar neu gebaut werden.
Ein großes Problem ist es, Lehrkräfte für die Dorfschulen zu finden. Es ist nicht immer ganz leicht für einen aus der Stadt kommenden Menschen nun jahrelang oder gar ein ganzes Leben an einer kleinen Dorfschule zu unterrichten. Man muss daher den Lehrern schon etwas bieten. Der junge Lehrer H., der in der Gomfritzer Schule unterrichtet, ist mit seinem Los zufrieden, obwohl er aus der Großstadt kommt. Er meint, dass er hier ein kleiner König in seinem Reich sei und außerdem gilt der Lehrer im Dorf noch etwas, während er in der Großstadt in der Masse aufgeht. Die neu errichteten Dorfschulen haben meist gleich daneben entzückende Lehrerhäuser. Das ist es, was dem Lehrer H. hier gerade den Aufenthalt so angenehm macht. Er bewohnt mit seiner Frau und seinem kleinen Sohn ein modernes Haus mit einer Fünfzimmerwohnung, genau wie die Schule an einem herrlichen Berghang gelegen. Die monatliche Miete für diese große Dienstwohnung beträgt nur 80 DM. Andere junge Lehrer oder Lehrerinnen, die auf das Land versetzt wurden, möchten sich so bald wie möglich wieder in die Stadt versetzen lassen. Sie sehen den Aufenthalt an der Dorfschule nur als ein notwendiges Übel an, oder sie sagen: „Wir haben Pech gehabt, dass wir nun ausgerechnet auf einem Dorf gelandet sind.“ Oft wird den Dorflehrern noch eine Nebenbeschäftigung zugemutet – wie z.B. als Organist oder Standesbeamter. Ihnen bleibt dann kaum noch Zeit für eine Weiterbildung.

Blick in den Klassenraum einer einklassigen Volksschule, die von den Kindern der im Umkreis liegenden Gehöfte besucht wird. Alle acht Jahrgänge werden hier gleichzeitig in einem Raum von einem Lehrer unterrichtet. Dabei dienen dem Lehrer mehrere ältere Schüler als Hilfskräfte oder Aufsicht. Die Kinder sitzen nicht in Reih und Glied auf alten Sitzbänken, sondern sie sitzen nach Jahrgängen um Tische in Gruppen zusammen. Der Unterricht in diesem neuen Schulgebäude auf dem Landrücken in der Gemeinde Gomfritz gelegen, begann nach dessen Fertigstellung im Jahre 1959. Doch bereits zehn Jahre später wurde die Schule im Rahmen der Schulreform geschlossen und die Kinder besuchen seitdem die Grundschule in Schlüchtern. Das für unterschiedliche Nutzungsmöglichkeiten umgestaltete Gebäude wurde Dorfgemeinschaftshaus.

Es ist dem Ideenreichtum des Lehrers überlassen, immer wieder neue Lehrmittel zur Gestaltung seines Unterrichts zu entwerfen. Hier sind es z.B. eine Art Bauklötze mit Buchstaben, mittels welcher der ABC-Schütze sich selbstständig das Lesen beibringen soll. Denn gerade diesem Zweck dienen diese modernen Arbeitsmittel: selbstständige Gestaltung des Unterrichts durch den Schüler.

Diese drei Schüler haben ein und zwei Kilometer lange Wege zurückzulegen, die durch Feld und Wald führen. Gerade im Winter macht dies Schwierigkeiten.

Die Schüler haben oft lange und schmutzige Wege zurückzulegen. Die Schuhe werden deshalb abgestellt, im Flur der Schule, und die Kinder schlüpfen in Latschen oder Pantoffeln.

Hier wurde in dem Dorf Weichersbach dem alten Schulgebäude ein moderner Ergänzungsbau hinzugefügt, in dem jetzt zwei Klassenräume vorhanden sind.

Dieser elfjährige Schüler legt seinen Heimweg auf dem Fahrrad zurück. Gerade während der Erntezeit muss die Schule Rücksicht darauf nehmen, dass die Schüler bei der Ernte oft dringend benötigt werden. Der Unterricht wird dann entsprechend gelegt.

Mitten auf der Wiese am Dorfrand von Gomfritz wurde dieses neue Schulgebäude einer einklassigen Volksschule errichtet.

Das Dorf der Schiffsmodellbauer

Es ist schon erstaunlich, was man aus einer siebzehn Schüler umfassenden, einklassigen Volksschule alles machen kann. Das ist in dem 198-Seelen-Dorf Winterscheid allein der Initiative des Lehrers Heinrich Günther zu verdanken. Die Schule hat durch ihre Schiffsmodellbauten bereits Berühmtheit über die Landesgrenzen hinaus erlangt. Diese kleinen Volksschüler sind bereits vielgereiste weltoffene Menschen geworden. Sie nahmen an großen internationalen Wettbewerben teil und brachten viele Preise nach Hause. Städte wie Paris, Brüssel, Wien, Straßburg, Basel, Berlin, Hamburg, Kiel, München oder Stuttgart kennen sie nicht nur von der Landkarte, sie haben sie bereits besucht. Zweimal nahmen sie an europäischen Meisterschaften im Pariser Bois de Boulogne teil und bekamen immer Erste Preise. Sie ließen ihre Segelschiffe, Tanker und Kreuzer schwimmen, wetteiferten mit französischen, holländischen und schweizer Modellbaufreunden. Lehrer Günther, ein Mittdreißiger, er sieht selbst wie ein großer Junge aus, ist der beste Kamerad seiner Schüler. „Es gibt kein schöneres Reisen als mit Kindern“, meint er. „Für viele Kinder, die vielleicht ihr späteres Leben in dem kleinen Winterscheid verbringen werden, werden diese Reisen Erlebnisse sein, von denen sie ein Leben lang zehren können.“ Ein großes Ereignis, über das die internationale Presse berichtete, war die Übergabe eines Modells der „United States“ an Bord des schnellsten Passagierdampfers der Welt in Bremerhaven. Mit Freude nahm der Kapitän des riesigen Schiffes das Modell im Maßstab 1:400 aus der Hand eines zwölf Jahre alten Winterscheider Schülers entgegen.

Winterscheider Schüler mit ihrem Lehrer Günther vor einer Reihe von Modellschiffen.

Der zwölfjährige Werner, hier mit einem Wikingerschiff, ist für das Werkzeug verantwortlich.

Lehrer Günther trägt mit einigen Schülern Schiffe von der Schule zum Dorfteich *(oben)*.

Auch die drei Mädchen der Schule helfen tatkräftig mit. Die elfjährige Anneliese betätigt sich hier als Anstreicherin.

Der 14-jährige Siegfried verrichtet die elektrischen Arbeiten. Er will einmal Landwirt werden und den elterlichen Hof übernehmen.

Die Modellschiffe werden auf dem Dorfteich zu Wasser gelassen.

Gold- und Silberschmiede am Arbeitstisch. Jeder sitzt in einem halbkreisförmigen Ausschnitt in dessen Mitte ein Holzstück hervorragt, auf dem das Material bearbeitet wird. Unter dem Arbeitsplatz fängt ein Ledertuch herabfallende Gegenstände auf. Ein auf dem Fenster stehendes Radiogerät dient zur Unterhaltung während der Arbeit.

Eine Schule, die sich Akademie nennt

Diese älteste deutsche Zeichenakademie wurde im Jahre 1772 von den Hanauer Gold- und Silberschmieden gegründet. Sie sollte ihrem Nachwuchs neben der praktischen Lehre auch noch eine künstlerische Ausbildung ermöglichen. Diese für die damalige Zeit einmalige Gründung blieb bis heute zum Wohle des edlen und schönen Gewerbes segensreich erhalten. Weder das Auf und Ab der politisch und wirtschaftlich schwankenden Zeiten, noch die völlige Zerstörung durch einen Vernichtungsangriff im Jahre 1945 konnten ihre lokale wie auch weltweite Bedeutung zum Erliegen bringen. Im Gegenteil – niemals war die Anzahl der verschiedenen Unterrichtsgebiete und deren Besetzung mit den entsprechenden Lehrkräften so groß und zu keiner Zeit der Ausbildungsweg und das Lehrziel so klar vorgezeichnet und abgesteckt wie dies heute der Fall ist. Die staatliche Zeichenakademie ist eine Fachschule für das Edelmetallgewerbe und nimmt Schüler auf, die den Beruf des Gold- und Silberschmiedes oder eines seiner Spezialgebiete erwählt haben. Zu diesen gehört das Ziselieren, Gravieren, Fassen und Emaillieren. Die Schüler erhalten hier ihre volle Berufsausbildung und beenden diese nach dreieinhalb Jahren mit der Lehrabschlussprüfung. Ihr Bestreben ist es, diese Schüler technisch, geistig und künstlerisch so auszubilden, dass sie den Aufgaben gewachsen sind, die die Zukunft auf sie zukommen lässt. Da die Zeichenakademie internationalen Ruf besitzt, wird sie von Schülern aus der ganzen Welt, darunter auch aus afrikanischen Staaten, besucht.

Zwei Schülerinnen beim Emaillieren. Man trägt hier im Unterricht die Emaillefarben meist auf ein Kupferblech auf, denn man braucht ein Metall, das einen höheren Schmelzpunkt hat als die Farbe. Es muss beim Einbrennen im elektrischen Brennofen 850 Grad überstehen.

Mittels einer großen Anzahl von Punzen behämmern hier zwei Schüler Metallstücke. Außer der Ausbildung als Silberschmied lernen sie hier noch das Ziselieren. Dies ist Modellieren in Metall – ist plastisches Gestalten auf einer Metallfläche mit Hammer und Punzen.

Mit Hilfe des Tanzlehrers stellen sich hier die jungen Paare richtig auf.

Auch das Erlernen von guten Umgangsformen will geübt sein.

Tanzschule für Kinder

Früh übt sich, wer sich eines Tages sicher und galant auf glattem Parkett bewegen möchte, sagen sich Frankfurter Eltern und schicken ihre kaum schulreifen Sprösslinge in die „Tanzschule". „Natürlich lernen die Kinder nur klassische Tänze wie Walzer, Foxtrott, Cha-Cha, Rumba oder Tango", sagt Tanzlehrer Peter A. Holtham, Leiter der Englischen Tanzschule in Frankfurt. Besonderen Wert aber wird darauf gelegt, die Kinder frühzeitig an gute Umgangsformen zu gewöhnen. Kein Wunder also, dass Eltern und Lehrer den Unterricht, der den Kindern viel Spaß macht, so ernst nehmen. Doch nicht nur Vergnügen soll der Tanz den Kindern bereiten. Nur wer schon in jungen Jahren lernt, seinen Körper zu beherrschen und seine Muskeln elastisch zu halten, wird später einmal in die Spitzengruppe der Meistertänzer aufrücken können. Dass Teilnehmen nicht unbedingt auch Siegen bedeutet, gehört zu den Dingen, die ein Turniertänzer gleichfalls, je früher desto besser, lernen muss. Diese sechsmonatigen Tanzkurse werden für Kinder von fünf bis zwölf Jahren abgehalten. Unterricht ist dienstags von 15.00 bis 17.00 Uhr für Kinder von fünf bis acht Jahren und donnerstags zur gleichen Zeit für die Acht- bis Zwölfjährigen. Der Tanzlehrer ist Engländer und war früher als Turniertänzer tätig. Als solcher kam er auch nach Deutschland und lernte hier seine Frau kennen. Da diese nicht mit ihm nach England zurückkehren wollte, blieb er hier und gründete in Frankfurt eine Englische Tanzschule. In das Programm solch einer Englischen Tanzschule gehören auch, wie in England, Kindertanzkurse.

Nach einer Stunde fleißigen Übens wird eine Pause eingelegt. In geselliger Runde sitzen hier die Schülerinnen und Schüler im Clubraum und lassen sich ein kühles Getränk und Konfekt servieren. Natürlich geht es auch hier streng nach den gelernten Anstandsregeln.

Ein flottes Tanzpaar, das zu den Besten des Kurses gehört. Sie hat ein extra für den Kurs angefertigtes schmuckes Tanzkleidchen an (rechts).

Dieses Mädchen trägt seine Hausschlüssel an einer Kordel um den Hals.

Die Theatergruppe probt ein Märchenspiel. Eine Erzieherin führt Regie und verteilt die Rollen.

„Schlüsselkinder“

Ein Hausschlüssel um den Hals – das ist das Symbol, das schätzungsweise mehr als zwei Millionen Kindern in der Bundesrepublik die inhaltsschwere Bezeichnung „Schlüsselkinder“ gegeben hat. Es sind dies alles solche Kinder, deren beide Eltern berufstätig sind. Hinter dieser nüchternen Feststellung verbirgt sich das Schicksal von ungezählten Kindern, deren Kindheit grau und leer ist, die Wochentag für Wochentag vom Morgen bis zum Abend ohne die mütterliche Liebe und Fürsorge verbringen müssen. Viele Mütter dieser Kinder lassen nur schweren Herzens und oft aus finanzieller Notlage heraus ihre Kinder tagsüber allein. Andere sind nur deshalb berufstätig, damit der Lebensstandard der Familie noch weiter gehoben werden kann. Der Luxus scheint manchen wichtiger zu sein als das Kind. Wo eine Großmutter oder Tante da ist, die den Haushalt versorgt und die Kinder betreut, ist das Problem bereits gelöst. Wo diese aber fehlen, bleiben die „Schlüsselkinder“ bis zur Rückkehr von Vater oder Mutter sich selbst überlassen und dadurch erwachsen natürlich für diese Kinder Gefahren, die auf die Dauer nicht übersehen werden können.
Einen lobenswerten Versuch zur Lösung dieses Problems hat die Stadt Frankfurt mit der Einrichtung einer Tagesheimschule gemacht. Sie bietet den „Schlüsselkindern“ Aufenthalt nach dem Unterricht bis 17.00 Uhr Außerdem gibt es gegen eine geringe Gebühr Mittagessen und Kaffee. Die Kinder sind hier nicht sich selbst überlassen, sondern verbringen den Nachmittag unter Aufsicht mit Schularbeiten, Sport, Spiel und Bastelarbeiten. Die Gebühr für einen Tag richtet sich nach dem Einkommen der Eltern. Ein begrüßenswertes Beispiel, das auch in anderen Städten Nachahmung finden sollte.

Dieter kommt nach Hause und wird sich sein Essen, das die Mutter am Tage vorher gekocht hat, selbst aufwärmen.

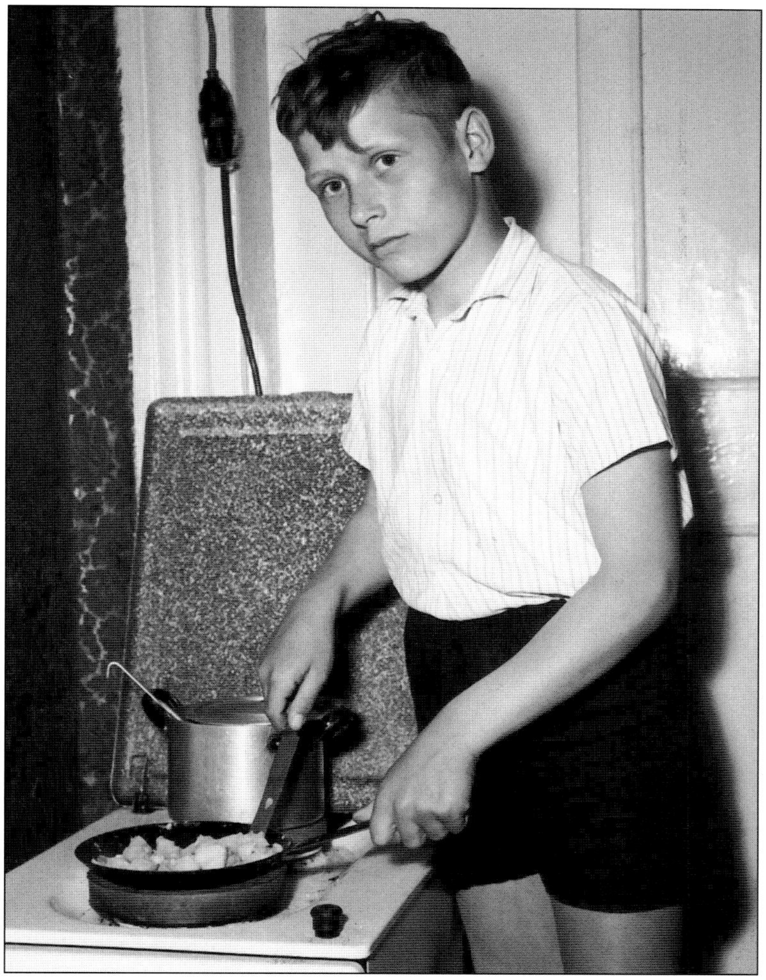

Eine Befragung von 10 000 Kindern ergab, dass sich 550 ihr Frühstück selbst zubereiten und 450 sich ihr Mittagessen selbst machen oder wärmen müssen, wie es hier der kleine Werner tut.

Jungen und Mädchen können sich in der Turnhalle an den Geräten austoben. Auch hier werden die Kinder von Lehrpersonen beaufsichtigt, damit kein Unfug getrieben wird.

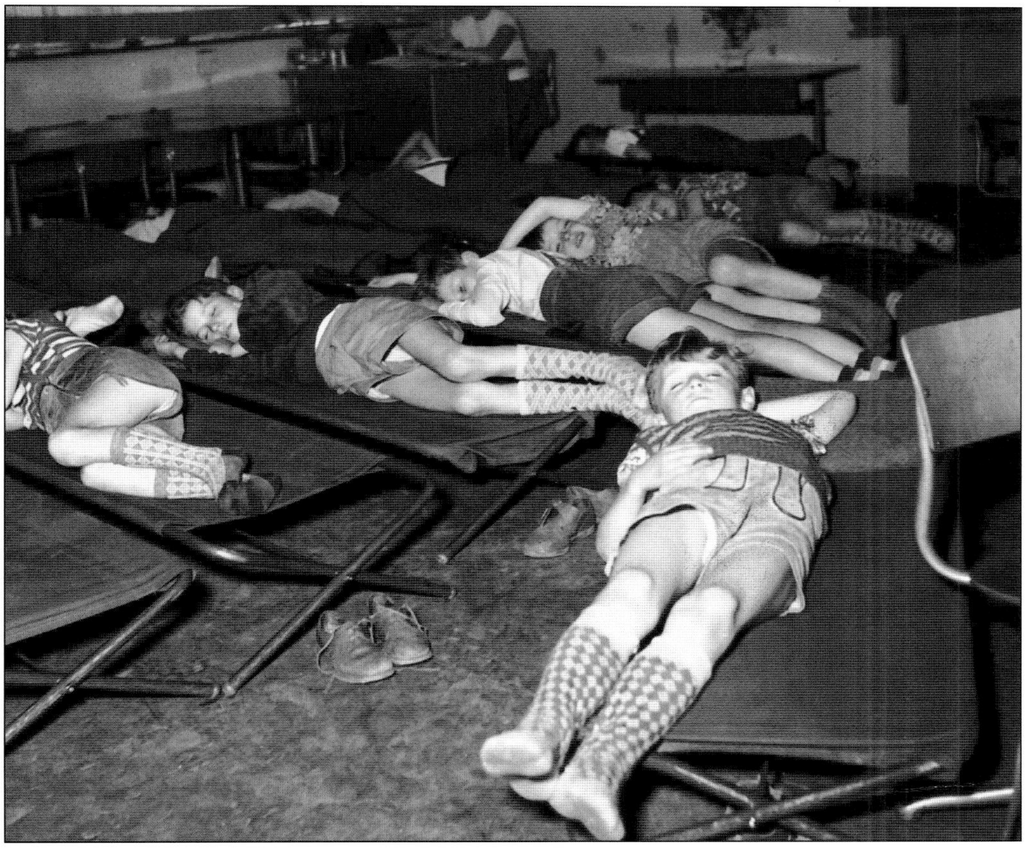

Zwischen Essen und Schularbeit erfolgt eine Stunde Mittagsruhe. Die Stühle werden unter die Tische geschoben, die Vorhänge geschlossen und jeder schlägt sein Klappbett auf.

Im Gegensatz zum Unterricht der öffentlichen Schulen gibt es hier kleine, intime Schulräume.

Auch das Arbeiten in der Werkstatt ist ein wesentlicher Beitrag zur Heilung. Die beiden Jungen bedienen einen Webstuhl.

Erstes Haus für Heilpädagogik

Das „Haus für Heilpädagogik" in Hofheim im Taunus wurde als erstes Haus dieser Art in Deutschland im Jahre 1955 gegründet. Dort werden Kinder aufgenommen, die in der Entwicklung durch Schwierigkeiten in der Familie oder der Schule gehemmt sind. Kinder, die unter Milieuschäden leiden, neurotische Kinder, jugendliche Psychopathen und vereinzelt auch Kinder mit organischen Schäden. Die meisten dieser Kinder leiden an Neurosen, einem Seelenleiden, das erst seit dem letzten Krieg bei Jugendlichen in stärkerem Maße auftritt. Die Ursache sind meist unglückliche Familienverhältnisse, aber auch die Summierung der Reize, die heute in der Großstadt durch Kino, Werbung usw. unaufhörlich auf die Kinder eindringen. Sie werden von der Fürsorge her eingeliefert und nur in einzelnen Fällen von den Eltern selbst hergeschickt. Nach eingehender Untersuchung werden die Kinder Gruppen zugewiesen – Erziehungsnester genannt – die nie mehr als zehn Kinder umfassen und weitgehend einer Familie nachgeahmt sind. Formung der Persönlichkeit und Beseitigung der neurotischen Haltung in ihren Grundinhalten sind die obersten Ziele in Hofheim. Aber auch die Wissensvermittlung in der eigenen Heimschule ist von großer Bedeutung. Am schwierigsten ist die Behandlung der Psychopathen. Meist überwiegen hier von Eltern oder Großeltern ererbte Anlagen und jedes dieser Kinder ist anders geartet. Im Gegensatz zu den Schulen draußen sind hier die Unterrichtsräume klein, so dass die Lehrerinnen, alle Angehörige des Ordens der Ursulinerinnen, sich jedem einzelnen ihrer Schützlinge besonders nachhaltig widmen können. Dr. Stifter, der Leiter des Heimes – übrigens ein Enkel des Bruders Adalbert Stifters – beschäftigt sich seit Jahrzehnten als Arzt, Psychologe und Erzieher mit der kindlichen Seele. Auf seine Initiative hin wurde das Haus für Heilpädagogik geschaffen, als dessen leitender Arzt und Psychologe er nun eine Lebensaufgabe gefunden hat, nämlich erstmals die Heilpädagogik in einem Haus anzuwenden.

Ein bewährtes Heilmittel ist die Musik, weil sie zur inneren Sammlung, zur Konzentration anregt. Als besonders wirksam wird das Xylophonspiel angesehen.

Jedes Kind hat im Heimgarten ein kleines Beet, das es nach eigenem Wunsch mit Bohnen, Blumen und dergleichen bepflanzt. Es ist die einzige Art, die verloren gegangene Naturverbundenheit des Großstadtkindes wiederherzustellen.

Täglich werden in dem vor der Tür liegenden Wald Spaziergänge unternommen. Hier ist Dr. Stifter mit einer Gruppe unterwegs.

Der Bus hält auf dem Schulhof einer Taunusgemeinde. Die Lehrer begrüßen es, dass die Post ihnen eine solche Schule zur Verfügung gestellt hat.

Die fahrende Postschule auf dem Weg zu Schulen im Taunus. Im Hintergrund die Burgruine von Eppstein *(rechts)*.

Telefonbücher als spannende Lektüre ...

Die fahrende Postschule

Die Kinder sind begeistert, wenn die fahrende Postschule kommt. Es ist ein Bus, in dem eine richtige Mini-Post untergebracht ist. Die Bundespost will damit den Postkundennachwuchs auf die höheren Anforderungen im Postdienst vorbereiten. Wenn in ihm erklärt wird, wie all die vielen komplizierten Vorgänge in der Post zusammenhängen, wird das den Kindern schon längst nicht mehr wie eine normale Schulstunde vorkommen. Die Freude am Umgang mit der Technik ist ihnen anzusehen. Sie können an sechs Telefonen miteinander telefonieren, auf zwei Fernschreibern die ersten Fingerübungen machen, Postkarten schreiben und sie gleich mit einem Sonderstempel „freimachen“. Den Schülern wird so durch diesen praktischen Anschauungsunterricht ein interessanter Querschnitt durch die Arbeit im Post- und Fernmeldedienst vermittelt und sie lernen dabei auch die postalischen Einrichtungen zu ihrem Vorteil zu nutzen. Bis zu 20 Schüler können in dem Postschulwagen unterrichtet werden, größere Klassen werden in kleinere Gruppen aufgeteilt.

Die fahrende Postschule

06172 23255

Die Schulkinder lernen, wie man einen Fernschreiber bedient *(links)*.

Auch der Umgang mit dem Handstempel und der Stempelmaschine will gelernt sein.

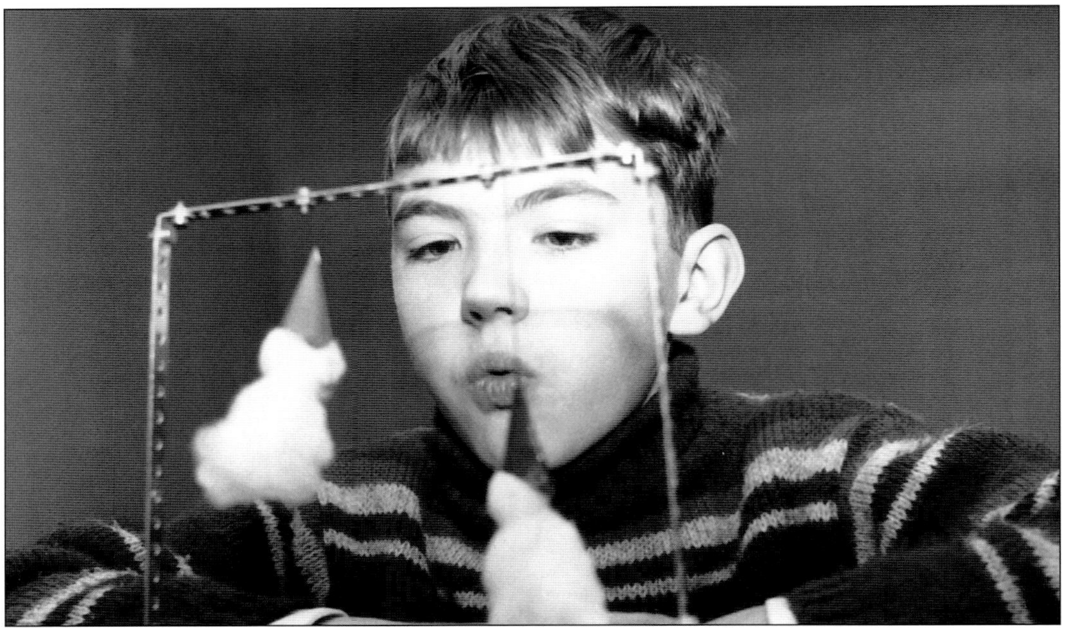

Durch das Anblasen von Wattepüppchen an einer Schaukel wird der Atemstrom kontrolliert. Ein richtig gelenkter Atemstrom ist wichtig zur Bildung von Lauten.

Sprachgeschädigte Kinder auf der Schulbank

„Der Lehrplan der Frankfurter August-Henze-Sonderschule unterscheidet sich nicht von dem anderer hessischer Volksschulen. Aber die rund 160 Kinder dieser Anstalt lernen nach besonderen Methoden. Sie blasen Wattepüppchen an, beobachten sich im Spiegel und wenn sie „Kuchen" sagen, betasten sie mit dem Zeigefinger ihren Kehlkopf. Es sind sprachgeschädigte Kinder. Kinder, die lernen müssen, wie man mit einem Sprachfehler fertig wird, den ihre Spielkameraden leider manchmal spöttisch belächeln. Diese Kinder leiden sehr häufig darunter, dass sie stottern oder stammeln. Während „Stammelfehler" im allgemeinen schon in den ersten vier Volksschuljahren behoben werden können, ist es auch für erfahrene Lehrer sehr kompliziert, Stotterer zu heilen. Und mit der Zurückhaltung des verantwortungsbewussten Pädagogen hat Rektor Veith aus Frankfurt auch nur ein Ziel: „Wir wollen die Sprachfehler so weit abbauen, dass sie nicht mehr auffallen." So lautet denn auch die einzige Faustregel, die der Rektor seinen Schülern nach neun Volksschuljahren mit auf den Weg geben kann: „Redet nicht, wenn ihr erregt seid!" Denn – auch das ist gewiss: „Anfällig bleiben die meisten sprachgeschädigten Kinder." Sprachstörungen sind oft schwer heilbar. Und das ist der Grund dafür, dass sich die Lehrer der Sonderschule auch im Einzelunterricht der ihnen anvertrauten Kinder annehmen. Von den Kindern der beiden einzigen vollausgebauten Sonderschulen in Hessen, soll nach Schulabschluss keines von ihnen auch nur das Gefühl haben, ein Außenseiter zu sein."

Sprachstörungen sind oftmals verbunden mit Bewegungsungeschicklichkeit. Auf dem Wege der rhythmischen Spieltherapie kann das Kind zu einem richtigen Sprechrhythmus gelangen.

Auch Balanceübungen auf dem Schwebebalken tragen dazu bei *(rechts)*.

Natürlich locken auch interessante Schaufenster zum Verweilen. All dies verlängert natürlich die Zeit des Weges und vermehrt damit die Gefahren.

Der Schulweg ist gefährlich

Tausend Kinder sterben jedes Jahr in der Bundesrepublik als Opfer von Verkehrsunfällen und besonders gefährdet ist dabei das Kind auf dem Schulweg. Der Anteil tödlicher Kinderunfälle liegt damit in den 50er Jahren in der Bundesrepublik um ein Drittel höher als in Frankreich und fast dreimal so hoch wie in Italien.

Nach den Bestimmungen, die der hessische Kultusminister jetzt über die Aufsichtspflicht der Lehrer beim Schul-und Unterrichtsweg der Schüler getroffen hat, liegt die Verantwortung für den Weg zur Schule oder einem anderen Unterrichtsort allein beim Erziehungsberechtigten. Alle Wege, die die Schüler während der Unterrichtszeit zurücklegen müssen, unterliegen dagegen der Aufsichtspflicht des Lehrers. Die Erziehung zur Selbstständigkeit und Selbstverantwortung und die heutige Verkehrserfahrung der Schüler rechtfertigen nach Ansicht des Kultusministeriums, dass die Schüler vom siebten Schuljahr an solche „Unterrichtswege" ohne Begleitung eines Lehrers zurücklegen können.

Innerhalb von sechs Jahren überprüfte der Fachmann Paul Michaelis Verkehrsunfälle in einer Großstadt, in einer Mittelstadt, in einem industriellen Landkreis und in einem bäuerlichen Landkreis. Die Überprüfung ergab 22 053 Straßenverkehrsunfälle mit 15 155 getöteten oder verletzten Personen. Aus den kriminologischen und strafrechtlichen Vergleichen ergab sich, dass die in diesen Zahlen enthaltenen 1007 Unfälle mit Kindern nach ihren Ursachen und Folgen von denen der Erwachsenen grundsätzlich verschieden sind. So sind es oft die schönen, warmen Tage des Jahres, an welchen Kinder auf der Straße verunglücken. 72 Prozent der Unfälle ereignen sich an hellen, sonnigen Tagen, nur 6 Prozent dagegen bei Regen oder Schneefall. Den kleineren Kindern drohen die größten Gefahren, so war die Hälfte aller verunglückten Kinder drei bis sechs Jahre alt. Jungen sind beinah doppelt so gefährdet wie Mädchen. Wenige Unfälle passieren auf dem Weg zur Schule, obwohl der Morgenverkehr stark ist, auf dem Nachhauseweg steigt die Unfallzahl auf fast das Doppelte. Die Untersuchungen ergaben, dass die Mehrzahl der Unfälle sich nicht dort ereignete, wo der Verkehr am gefahrvollsten ist, sondern dort, wo Kinder unüberlegt, impulsiv handeln. Trotz Ermahnungen betreten sie gern neben haltenden Autos die Straße – sie empfinden das ihren Kopf überragende Fahrzeug im Moment nicht als Gefahr, sondern als Schutz. Am Nachmittag sollte der Schulunterricht so aufhören, dass die Kinder nicht zwischen 17.00 und 19.00 Uhr, also während des Berufsverkehrs, den Heimweg antreten müssen. Die Schulbezirke sollten so eingeteilt werden, dass kein Kind auf dem Schulweg eine Hauptverkehrsstraße überschreiten muss.

Der morgendliche Schulweg wird schnell und meist allein zurückgelegt, nach Schulschluss haben sie es nicht so eilig, es wird, gerade bei schönem Wetter, erst noch nach Herzenslust mit den Kameraden herumgetollt.

Das Schulamt der Stadt Frankfurt hat schon in den 50er Jahren Schulbusse eingesetzt, die die Schüler in die abgelegene Stadtteile bringen sollen.

Mit Ermahnungen der Eltern wird das Kind auf den Schulweg geschickt – doch wie lange bleiben diese Ermahnungen im Gedächtnis? Der Junge wartet auf einen Kameraden, der ihn auf dem Nachhauseweg begleiten soll.

Wer wohl hier mit wem anbandeln möchte? Der Junge drückt sich noch etwas verlegen an die Wand.

Auch die beiden Knaben balgen sich auf dem Bürgersteig. Wer wohl der Stärkere ist?

Echte Buben balgen sich. Beim Heimweg von der Schule ist dazu die schönste Gelegenheit. Wenn man sich dann so richtig in den Haaren hat, ja dann nimmt man keine Rücksicht darauf, ob der Kampf auf einem belebten Bürgersteig ausgetragen wird und die Passanten einen Bogen machen müssen.

Blick vom Gang in den freundlich einladenden Wartesaal. Der zwölfjährige Paul besucht die Mittelschule. Die Zeit von 11.00 oder 12.00 Uhr bis zum Zugabgang verbringt er regelmäßig im Schülerwartesaal.

Zutritt nur für Schüler

In jeder Schulstadt gibt es Fahrschüler, die mit dem Zug oder dem Bus aus den umliegenden Ortschaften kommen. Nach Schulschluss verbringen sie die Zeit bis zur Abfahrt meist im Wartesaal des Bahnhofs, in Bierdunst, Zigarettenqualm, Lärm und Zugluft. Herrscht doch dort oft regelrecht die Atmosphäre eines Wirtshauses, in dem die Kinder allen möglichen schädlichen Einflüssen ausgesetzt sind. In der hessischen Stadt Hadamar machte sich die Bundesbahn diese Sorge der Eltern mit Recht zu ihrer eigenen. Sie richtete für die zahlreichen Fahrschüler des Gymnasiums und der Mittelschule einen besonderen Warteraum ein. Es ist der erste Wartesaal für Schulkinder in der Bundesrepublik. Hier sind die Schüler unter sich und im Nu wurden einige Kameraden aus den eigenen Reihen ausgewählt, die für die Ordnung im Schüler-Wartesaal verantwortlich sind. Die lichten, freundlichen Farben des Raumes leuchten noch genauso wie am Tag der Übergabe trotz des regen Lebens, das hier herrscht.

Nicht der Lehrer, sondern ein Bahnbediensteter betritt hier den Raum, um ab und zu nach dem Rechten zu sehen.

Es könnte ein modernes Klassenzimmer sein. Nur die Plakate an den Wänden verraten den Wartesaal.

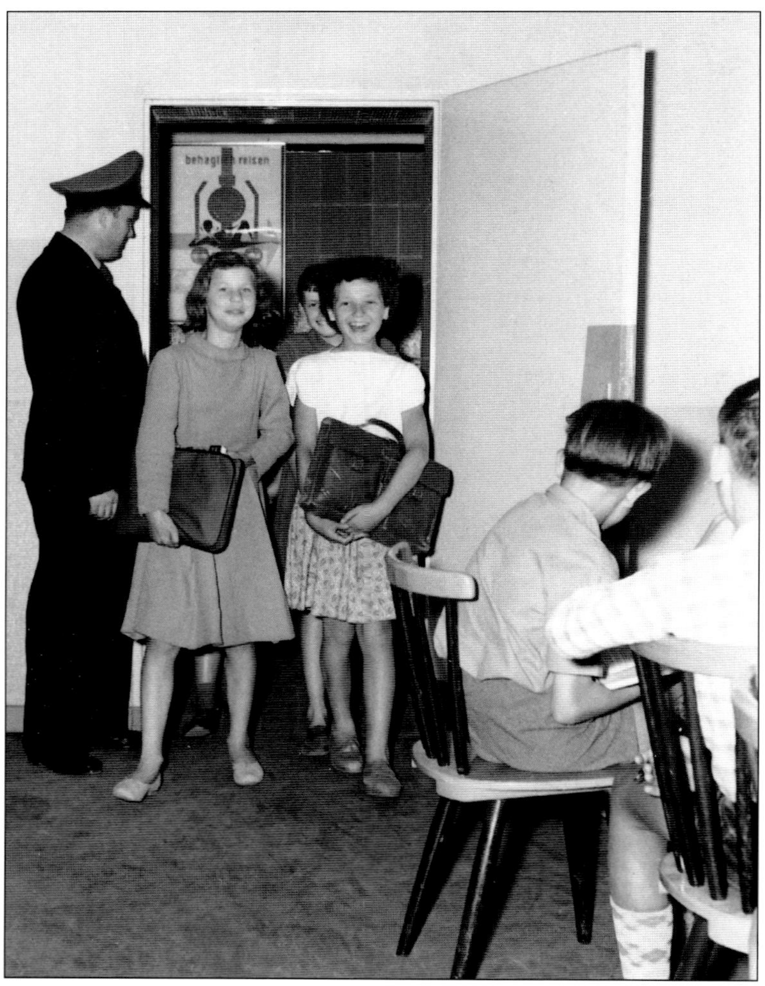

Während der junge Mann im Vordergrund noch mit Fleiß damit beschäftigt ist, an seinem Hausaufsatz zu schreiben, entwickelt sich unter seinen Kameraden ein schwungvoller Tauschhandel mit Comicstrips.

Die beiden Mädchen in der Tür des Aufenthaltraumes haben mit Recht gut lachen *(links)*. Wer außer ihnen hat schon einen eigenen Wartesaal?

Tischfußball ist ein beliebter Zeitvertreib. Ob es Klaus wohl gelingt, den Groschen durch die beiden anderen Groschen zu „schubsen"?

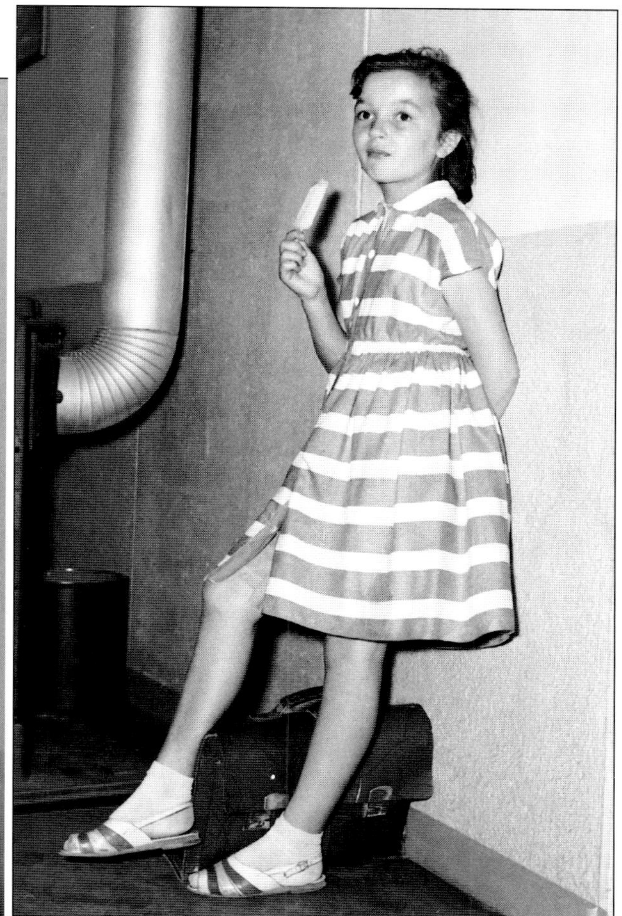

Uschi, die Klassenerste, ist natürlich mit ihren Schularbeiten schon fertig und lutscht genießerisch am wohlverdienten Eis.

Wie viel leichter lässt sich so ein Hausaufsatz schreiben, wenn man sich links und rechts Anregungen holen kann.

Weitere Bücher aus dem Wartberg Verlag

Georg Eurich
Kindheit in Hessen in den 50er Jahren
Die schönsten Fotos zum Thema Kindheit auf dem Land dokumentiert dieser Band – vom Bad im Dorfweiher bis hin zur Schulbank – Kindheitserinnerungen werden wach.
64 S., geb., zahlreiche S/w-Fotos, Großformat
(ISBN 3-86134-363-0)

Eugen Sauter
Landleben in den 50er Jahren
Der dritte Fotoband von Eugen Sauter über die Arbeit auf dem Land.
64 S., geb., zahlreiche Farbfotos, Großformat
(ISBN 3-86134-316-9)

Postkartenbuch
Kindheit auf dem Lande in den 50er Jahren
30 historische Postkarten
(ISBN 3-86134-300-9)

Eugen Sauter
Schulzeit auf dem Lande
Fotografien aus den 50er Jahren
64 S., geb., zahlreiche S/w- und Farbfotos, Großformat
(ISBN 3-86134-486-6)

Klaus Meier-Ude, Fred Kickhefel
Kindheit in der Stadt
in den 50er Jahren
Murmelspiel, Gummitwist, Lederhosen und Zöpfe, wer erinnert sich nicht an diese Relikte seiner Kindheit?
64 S., geb., zahlreiche S/w-Fotos, Großformat
(ISBN 3-86134-315-0)

Reinhard Appel
Pack die Badehose ein
Urlaub in den 50er Jahren
Die beeindruckenden Bilder geben die Stimmungslage der 50er Jahre präzise wieder: die Gesichter der Menschen, die Kleidung, ihr Bedüfnis endlich einmal auszuspannen, etwas Neues zu sehen und zu erleben.
72 S., geb., zahlreiche S/w-Fotos
(ISBN 3-86134-381-9)

Georg Eurich
Aus alter Arbeitszeit
Bäuerliche Berufs- und Lebensbilder 1948–1958
In den frühen Nachkriegsjahren wurden diese einmaligen Fotografien von der bäuerlichen Lebens- und Arbeitswelt aufgenommen.
80 S., geb., zahlreiche S/w-Fotos, Großformat
(ISBN 3-925277-34-X)

Georg Eurich
Photographien aus dem Dorfleben
der 50er Jahre
Seit 1948 dokumentiert Georg Eurich mit seiner Kamera Land und Leute und brachte von seinen unzähligen Streifzügen durch die Dörfer seiner Heimat viele außergewöhnliche Aufnahmen mit.
72 S., geb., zahlreiche S/w-Fotos, Großformat
(ISBN 3-86134-108-5)

Postkartenbuch
Dorfleben in den 50er Jahren
30 historische Postkarten
(ISBN 3-86134-314-2)

Wartberg Verlag GmbH & Co. KG
34281 Gudensberg-Gleichen, Im Wiesental 1
Tel.: (0 56 03) 9 30 50 • Fax: (0 56 03) 30 83 • www.wartberg-verlag.de